Lario Sinigaglia

IL LINGUAGGIO:

UN USO DIVERSO DEL CERVELLO

Youcanprint

Titolo | IL LINGUAGGIO: UN USO DIVERSO DEL CERVELLO
Autore | Lario Sinigaglia
ISBN | 978-88-31617-31-4

Youcanprint
Via Marco Biagi 6, 73100 Lecce
www.youcanprint.it
info@youcanprint.it

SOMMARIO

PREFAZIONE

Lo scopo principale del saggio è mostrare che il linguaggio naturale, quando viene contestualizzato, per sua natura si sottrae ai paradossi e alle manchevolezze che gli sono state imputate.

Preliminarmente avanzo delle ipotesi sull'origine del linguaggio basandomi su ipotesi desumibili, a mio parere, dagli scritti del linguista americano Noam Chomsky e del filosofo americano Jerry Fodor.

Propongo anche una semplice ipotesi naturalista sull'origine dei numeri naturali e perciò dell'aritmetica. Il solo capitolo 8) sulla teoria degli insiemi richiede qualche conoscenza preliminare che il lettore di buona volontà può facilmente reperire anche in miei precedenti scritti, che vengono citati. Il capitolo 7) che tratta di paradossi linguistici è complesso ove tratta della differenza tra *concetti* e *proprietà* e richiede l'impegno del lettore. Il mio consiglio è di procedere anche se non tutto appare chiaro in una prima lettura. Si può riflettere e fare una seconda lettura. Qui o altrove non si comprende tutto e subito. Chi vuol capire tutto prima di procedere, semplicemente non procederà. Si proceda dunque e si comprenderà, se non tutto, certamente di più. Ogni testo che sia stato importante per me ha richiesto tempo e diverse letture. Spero che il mio scritto valga l'impegno del lettore.

Lario Sinigaglia

1)   L'EDUCAZIONE

Un bambino di pochi anni parla, a dieci anni scrive correttamente e a 14 diventa penalmente imputabile e quindi si suppone che conosca le regole del vivere civile. Questi risultati sono il frutto di una educazione accurata impartita in un contesto civile. Ma come ebbe inizio tutto ciò?

L'evoluzione darwiniana consegue *l'Homo sapiens* circa 200.000 anni fa e, dato che *Homo sapiens* siamo anche noi, avrebbe potuto essere nostro nonno sebbene non parlasse, non scrivesse, non usasse utensili e quindi fosse certamente molto più in gamba di nostro nonno per cavarsela a mani nude in un ambiente impensabilmente ostile.

Secondo Noam Chomsky (1928), il grande studioso del linguaggio, *Homo sapiens* iniziò a parlare quasi improvvisamente circa 60.000 anni fa e basa questa ipotesi sulla comparsa in quell'epoca di reperti archeologici che dimostrano la capacità di simbolizzare le circostanze della vita umana, società relativamente complesse e insieme un maggior dinamismo della popolazione per crescita e migrazioni (Noam Chomsky e james McGilvray, *The Science of Language. Interviews with James McGilvray,* 2012, traduzione italiana Il Saggiatore, Milano 2015).

Seguiamo quindi Chomsky tanto per la profondità dei suoi studi sul linguaggio che per l'ipotesi implicita che il sentiero linguistico sia il più importante per comprendere gli uomini: dopotutto è l'unica caratteristica che li separa dall'universo degli altri viventi.

Chomsky però ammette che la conquista del linguaggio è stata preceduta da una attività cerebrale da lui definita *Merge* (verbo inglese *to merge*: aggiungere e incorporare, fondersi) che è propedeutica alla tipica composizionalità del linguaggio.

Tutte queste sono naturalmente ipotesi dell'illustre professore e noi dovremmo abbondare nell'uso del condizionale per esporle (come Chomsky stesso fa: *sarebbe stata preceduta ….ecc.*), ma a me piacciono le ipotesi del professore e userò quindi in seguito l'indicativo, riservando il condizionale alle mie ipotesi.

Ma cosa *merges*/aggiunge e incorpora il cervello: non certo parole, che non esistono, né semplicemente immagini, come certamente fa ogni animale superiore da molto tempo

Forse aggiunge "esperienze".

Torniamo brevemente al presente che resta il modo migliore per spiegare un passato che in fondo non muore mai.

Le esperienze sono generalmente considerate un valore, ma, come vedremo, sono un valore ambiguo intanto perché si paga con la dolorosa moneta dell'errore.

E'impossibile fare esperienza senza commettere errori e si fa esperienza solo se si riesce a sopravvivere ai propri errori.

Vengono utilizzati addestramenti ed escogitati aggeggi simulatori di esperienza ma infine la realtà è diversa.

Diversa da che? Da quella che pensavamo che fosse secondo le informazioni di cui disponevamo.

Ritorniamo a 200.000 anni fa: *Homo sapiens* in realtà esplicitamente non sa quasi nulla di ciò che oggi s'impara a scuola, ma se fino ad allora se l'era cavata è perché disponeva di un valido ed innato patrimonio istintuale che era tutto quello che aveva.

Quindi per fare esperienza (dato che oggi noi facciamo esperienza anch'egli all'inizio la fece), *per fare esperienza* egli deve falsificare in parte almeno il suo patrimonio istintuale. Cioè comportarsi in modo diverso da come l'istinto gli suggerisce, per esempio maneggiando il fuoco.

2)   L'USCITA DAL GIARDINO DI EDEN

Chomsky ha sostenuto tenacemente che la comparsa improvvisa del linguaggio non è il risultato di una graduale evoluzione genetica di tipo darwiniano; egli ritiene invece che organi (non solo il cervello) utilizzati in precedenza e per tempi lunghissimi in un modo, siano stati improvvisamente convertiti ad altro uso.

Proprio come un cervello istintuale che si converte almeno in parte, cioè si sdoppia, e inizia ad agire contro se stesso deviando e persino bloccando impulsi antichissimi.

Fermiamoci un attimo e torniamo ad oggi. Non è forse questo che sentiamo accadere in noi tutt'ora?

Non è forse vero che l'educazione ha un contenuto informativo ma più fondamentalmente un contenuto coattivo che deve essere interiorizzato, in modo da agire anche quando verrà meno l'autorità dell'educatore. Infatti il Decalogo biblico è in buona parte costituito da divieti.

Torniamo a *Homo sapiens*: cosa avvenne in lui?

La Bibbia è molto chiara: il Demonio fuorviò Eva che poi convinse Adamo. Ci sono invece motivi per credere che Adamo soprattutto fu fuorviato perché era meglio spendibile dato che aveva minori impegni genetici, mentre Eva conservò meglio il suo patrimonio istintuale.

Oltre a un suggerimento del Demonio possiamo pensare a:

a) Circostanze eccezionali: per esempio in pericolo di vita imminente *Homo* impugna un tizzone ardente e scopre i vantaggi di questo comportamento contrario all'istinto.

Ma si può anche pensare a disfunzioni che si rivelano funzionali, dopotutto Darwin insegna che errori genetici possono essere proficui. E, per esempio:

b) Qualche individuo *Homo sapiens* impazzisce, agisce contro il normale istinto, consegue dei vantaggi ed egli stesso o i suoi compagni se ne ricordano. Dopotutto nelle comunità primitive i pazzi godevano di considerazione.

c) Qualche cervello di *Homo sapiens* perde la sincronizzazione tra i due emisferi cerebrali (per esempio a causa di un collegamento non efficiente) e questi acquistano una indipendenza reciproca.

L'ipotesi in c) mi seduce perché la sento compatibile con quanto avviene in noi tutt'ora: avvertiamo conflitti interiori non chiari; viviamo sogni che non comprendiamo; riceviamo illuminazioni e subiamo fascinazioni che ci sorprendono.

Comunque *Homo sapiens* dovette ricordare questi comportamenti contro l'istinto e i loro esiti, che iniziarono ad essere una conoscenza esplicita diversa da quella implicita nel suo istinto e così iniziò a uscire dall'eterno presente che in precedenza lo assorbiva.

Questo fu, a nostro parere, l'oggetto di *merge*/aggiungi e incorpora di cui parla Chomsky e che fu preliminare al linguaggio. Ma con il tempo, molto tempo secondo i nostri criteri ma pochissimo rispetto ai tempi necessari per l'evoluzione genetica, l'oggetto di *merge,* le esperienze da ricordare, organizzare e da comunicare, richiese un contenitore adeguato e questo fu il linguaggio.

3)   L'INVENZIONE DEL LINGUAGGIO

In questa ottica il linguaggio fu una invenzione umana pretesa e ottenuta da un cervello non più solo attuatore di risposte istintuali ma anche promotore di comportamenti rivelatisi utili in seguito a esperienze che avevano messo in questione il patrimonio istintuale. Ma a questo punto emerge una nuova entità che tenta di coordinare due diverse strategie che condividono lo stesso corpo attore: molto tempo dopo fu chiamata *Mente*.

Merge di Chomsky (per noi la successione delle esperienze) ed il linguaggio sono incompatibili con l'evoluzione darwiniana per i tempi brevi di realizzazione, secondo il professore.

Il filosofo americano Jerry Fodor pensa la stessa cosa per un motivo diverso e ben argomentato: l'evoluzione darwiniana richiede una base che si possa sviluppare gradualmente conferendo vantaggi progressivamente superiori al portatore. Il linguaggio, e il sottostante apparato cognitivo, non può essere questa base perché non può essere realizzato progressivamente: esiste completo e quindi funziona oppure non esiste.

(J.Fodor, *la mente non funziona così*, Laterza, Bari, 2001: contiene un ciclo di lezioni tenute da Fodor presso L'Istituto Scientifico Ospedale S.Raffaele di Milano e *Mente e linguaggio*, Laterza, Bari, 2001: contiene la traduzione di alcuni saggi di Fodor, con introduzione e traduzione a cura del prof. Francesco Ferretti)

Ma in cosa consiste la completezza del linguaggio? Occorrono:

a)   Soggetto (chi, cosa);

b)   Predicato (cosa fa/è);

c) La scansione temporale (quando);
d) La negazione (rifiuto dello stato di fatto).

Quanto a dire che nel linguaggio precipita e tutt'ora si rinviene qualcosa che lo precedeva e nel linguaggio si esprime: un soggetto strappato dal *continuum* istintuale e pertanto da un eterno presente, che progetta le proprie azioni per ottenere un cambiamento dello stato di fatto. Egli si trasferisce anche nella possibile controfattualità e perciò nel futuro. Quando il futuro si realizzerà egli inizierà ad avere un passato. Per avere anche una *storia* dovrà inventare anche la scrittura: lo farà nel Terzo Millennio A.C.

Quindi il linguaggio solo secondariamente è mezzo di comunicazione: prima di tutto è l'individuo che vive in una nuova dimensione e si precipita fuori dal Giardino di Eden travolgendo l'Angelo con la spada fiammeggiate che voleva tenervelo rinchiuso.

Fu suggestione divina o diabolica? La Bibbia non ha dubbi: diabolica. Pur rispettando il punto di vista dell'autorevole testo, io penso che sia ancora troppo presto per decidere.

4)   LE CARATTERISTICHE DEL LINGUAGGIO.

In questa ottica il linguaggio non è solo un mezzo per ottenere qualcosa, la comunicazione, ma è il contenitore dell'esperienza del soggetto, da quando il soggetto esiste, quindi linguaggio e soggetto non sono distinguibili e dunque il linguaggio ha una primaria e ineliminabile dimensione personale.

E'pur vero che il linguaggio è un mezzo di scambio di significati, ma questo è possibile solo se i soggetti hanno avuto esperienze comuni, la prima delle quali è di essere cresciuti nella stessa area linguistica.

Ma siccome le esperienze sono comuni solo sino ad un certo punto, il linguaggio comunica solo sino a un certo punto, in verità abbastanza modesto e occorre un comunicatore particolare, per esempio un artista, per andare oltre.

Nelle comunità i comportamenti appaiono armonizzati "come se vi fosse comunicazione", ma in realtà per lo più si tratta di una convenzione con molti nomi: usanza, buona educazione, uso di mondo, tradizione, rispetto delle norme vigenti e così via.

Occorre riflettere sulla natura dell'esperienza: ogni esperienza è una modificazione dell'esistente patrimonio di credenze e queste sono solo in parte esplicite. Di queste vi è consapevolezza: questa è precisamente quella parte che già è nata come esperienza e che ora viene modificata da un'esperienza successiva.

Ma una parte delle credenze ha natura implicita e di queste una parte ha natura istintuale, presumibilmente trasmessa per via genetica, e un'altra parte è stata inconsapevolmente assorbita dal soggetto nei primi anni di vita ricevendo un indirizzo educativo e prima di tutto un particolare linguaggio che è, esso stesso, un deposito di credenze che è molto arduo modificare in seguito a una esperienza.

Infatti la natura dell'esperienza consiste nel rimodellare le credenze dell'individuo, ma ci sono credenze fondative la cui eliminazione comporta quasi l'eliminazione stessa del soggetto. Questo è stato il sogno di ogni regime totalitario di cui non dobbiamo nasconderci la natura utopistica: ottenere "l'uomo nuovo".

Qualche volta gli uomini non riescono a soddisfare i propri elementari bisogni, certamente non riescono mai a realizzare le proprie utopie e questo mi sembra indizio dell'esistenza di un ordine

Il gene potrebbe fare l'uomo nuovo, ma da circa 200.000 anni non ci prova. Non è strano: i coccodrilli godono di ben più duratura conferma genetica: 100 milioni di anni.

Ciascuno di noi incorpora in ogni presente la storia delle proprie esperienze e, se fosse possibile fare una sezione esistenziale di noi, troveremmo degli anelli di crescita simili a quelli che rinveniamo segando un albero e come quelli sempre più vicini gli uni agli altri, perché con il passare del tempo è sempre più difficile fare nuove esperienze.

Le esperienze infatti agiscono contro se stesse: le esperienze passate ostacolano le esperienze future.

Questo ci suggerisce l'idea che il processo abbia una direzione e non sia il semplice modellamento di una creta illimitatamente disponibile a essere rimodellata.

Nel suo andamento complessivo la successione delle esperienze va ad assottigliare l'originario patrimonio istintuale aprendo due nuove dimensioni: il futuro, che viene occupato soprattutto nella prima parte della vita (progetto) e il passato, che viene occupato nella tarda età (ricordo e rimpianto).

Con l'abbandono del patrimonio istintuale vi è contemporaneamente una sottovalutazione e un abbandono del presente, quello che colma di ricchezze la nostra infanzia: pietruzze luccicanti, girini delle pozzanghere, lucciole della notte, le ninfee negli stagni.

Quando l'anziano viene collocato a riposo non ritrova più la pienezza che fu il presente, a meno che non sia stato capace di non farsene scacciare.

La successione delle esperienze ha quindi un senso, l'assottigliamento e la neutralizzazione del patrimonio istintuale, che è comune a tutti, sebbene diverso in ciascuno e questo senso è ciò che avvertiamo come "trascorrere del tempo". In seguito abbiamo convenuto di ancorare il trascorrere del tempo a fenomeni ciclici (ore scandite dagli orologi, giorni ed anni scanditi dal sole) ma gli anni che si accorciano, come gli anelli degli alberi si assottigliano, ci avvertono che le esperienze si diradano, che invecchiamo.

Il "trascorrere del tempo" dipende dalle esperienze e queste dipendono dagli errori, che non sono prevedibili e quindi non sono compresi nel futuro di cui dispone il linguaggio, che è solo quello degli orologi.

Quindi il nostro vero "trascorrere del tempo", che è ciò che saremo a valle delle nostre esperienze, ci è precluso ed i nostri progetti non ne tengono conto: questo è ciò che i giovani non sanno e che impareranno troppo tardi, proprio come noi.

Il lettore mi consenta una digressione: la tragedia greca classica mostra in modo insuperabile la dinamica folgorante dell'esperienza anche se poche esperienze sono tragiche come quelle di Edipo.

Il dio della tragedia è Dioniso ed ai Greci piacque rappresentarlo con un mantello appeso in casa: egli c'è, ma non si vede sino al momento in cui irrompe ed esige il costo dell'esperienza, che non è mai piccolo.

Nel teatro greco il vero destinatario dell'esperienza sarebbe stato lo spettatore e forse qualcuno di loro, dopo la rappresentazione, appese in casa il mantello del dio, comprendendo il monito.

5)   IL FUNZIONAMENTO DEL LINGUAGGIO NATURALE

In ogni momento un soggetto ha uno stato delle credenze, che dipendono anche dalle sue esperienze. Dato che una esperienza consiste nella falsificazione di una credenza (è falso il creduto vero in precedenza), lo stato delle credenze conserva come memoria le credenze falsificate. Quanto a dire: egli nel presente pensa che sia falso ciò che in precedenza riteneva vero ma di nulla crede che sia contemporaneamente vero e falso.

Un logico osserva che egli aderisce al "principio di non contraddizione"

Come avviene questo processo di revisione delle credenze? Non è un processo ma una ristrutturazione istantanea, che può essere locale oppure vasta, dello stato delle credenze. Io penso che avvenga nel sonno in modo da non collocare la discontinuità nel mezzo di una azione e che i sogni ne siano un sintomo.

Si dice infatti: la notte porta consiglio ed è vero che il nuovo giorno porta con sé un nuovo modo di vedere le cose. Quindi lo stacco tra un sistema di credenze (il passato) ed il successivo (il presente) è netto e nulla vi è in mezzo tra i due come nulla vi è tra due fotogrammi successivi di una pellicola cinematografica. La loro successione viene interpretata come movimento, ma in realtà si tratta di due immagini statiche.

Ricordiamoci di questo fatto perché servirà a chiarirci alcuni famosi paradossi linguistici, dato che il linguaggio riproduce come pensieri le nostre credenze e come dichiarazioni se intendiamo renderle pubbliche.

6) IL FUNZIONAMENTO DEL LINGUAGGIO FORMALIZZATO

Sostanzialmente il linguaggio naturale sviluppa un sistema di credenze individuale e lo rimodella alla luce dell'esperienza individuale. Benché sia possibile trasmettere conoscenze tecniche, è quasi impossibile trasmettere le fondamentali conoscenze esistenziali che si acquisiscono con l'esperienza. Dal punto di vista della specie è provvidenziale perché ogni nuova generazione è generosamente disposta a rischiare e a commettere quegli errori giovanili che talora aprono nuove vie e sono in ogni caso fonte di esperienze.

E' pur vero che i sistemi di credenze individuali attraverso un sistema di transazioni e di accomodamenti diventano credenze e comportamenti collettivi, il provvidenziale "senso comune" senza il quale i politici non godrebbero di duraturi e spesso immeritati consensi, gli industriali di un mercato prevedibile e i sociologi di una cattedra.

Manifestazioni artistiche toccanti e ipotesi scientifiche audaci si digradano verso quel massimo di entropia cognitiva che è il senso comune.

Ma esiste una minoranza che rinverdisce il proprio e il comune linguaggio.

A un certo punto ci volle un linguaggio che mettesse in evidenza il corretto modo di ragionare e che fosse indipendente tanto dal soggetto che dal contesto. Un linguaggio che fosse variamente applicabile perché privo di contenuto.

Qui nasce una domanda: stiamo cercando le radici della razionalità naturale oppure i germogli di una razionalità più efficace?

In seguito sosterrò che la razionalità naturale, incarnata nel linguaggio naturale, non è ancora ben compresa e ha una sorprendente profondità di cui occorre essere consapevoli prima di procedere.

La ricerca della razionalità corretta iniziò sistematicamente con Aristotele (Grecia, Quarto Secolo A.C.) e dura tutt'ora, ma per darci un punto di arrivo potremmo fermarci ai *Principia Mathematica* (1910) di Alfred North Whitehead e Bertrand Russel che individua le basi di un linguaggio formalizzato in quanto segue:

a) Due operatori fondamentali: negazione ($\neg$) e disgiunzione ($\vee$);
b) Cinque assiomi (proposizioni prime accettate come vere)
c) Due regole di deduzione, cioè di trasformazione degli assiomi: sostituzione e distacco.

Con questi semplici strumenti è possibile sviluppare dei sistemi assiomatico-deduttivi a partire dagli assiomi particolari dei sistemi da sviluppare; alcuni di questi ben noti sono *La teoria degli insiemi* (in particolare quella detta "ZF" dai nomi dei matematici Zermelo e Fraenkel che la formalizzarono negli Anni Venti del Ventesimo Secolo), *L'aritmetica di Peano* (dal nome del matematico che la formalizzò nel 1889), *La geometria, Il calcolo della probabilità* (assiomatizzato da Kolmogorov nel 1933).

Notiamo che il linguaggio formalizzato è totalmente astratto (non ha alcun significato), formale e sintattico (esiste solo come simboli linguistici provvisti di regole di trasformazione).

Il linguaggio formalizzato dunque è un sistema assiomatico-deduttivo che viene usato per sviluppare particolari sistemi assiomatico-deduttivi, che sono a loro volta astratti, ma meno. Infatti essi hanno delle interpretazioni naturali: per esempio *Il calcolo delle probabilità* tratta di eventi, sebbene non precisati sino al momento in cui non viene interpretato in un modello, cioè applicato a eventi concreti.

Notiamo che in questo mondo astratto il *modello* è una concreta interpretazione e quindi la parola *modello* ha significato diverso da quello di uso comune.

7)   I PARADOSSI LINGUISTICI.

Un brillante matematico inglese Frank Ramsey, che scomparve nel 1939 a soli 26 anni, si interessò dei paradossi che affliggevano e affascinavano gli studiosi dei linguaggi e li suddivise in paradossi semantici e paradossi insiemistici.

I primi riguardano il valore di verità di enunciati, i secondi riguardano la definizione di particolari insiemi.

Paradossi semantici: hanno un padre, il cretese Epimenide che agli albori della Grecia classica (Settimo Secolo A.C.) ebbe a dichiarare: "Tutti i Cretesi mentono". Questa frase parve già allora singolare poiché poteva essere vera solo se fosse stata falsa. Epimenide infatti era cretese, quindi da mentitore poteva dire solo frasi false.

Apriamo una parentesi: i paradossi sono sempre artificiosi e l'indagine su di essi può apparire futile; in realtà i paradossi sono utili perché ci permettono di studiare la razionalità naturale e la mente umana.

Lo schema di paradosso detto *del mentitore* è stato approfondito per millenni (!), esiste una vasta letteratura in proposito, ne ho scritto anch'io (Lario Sinigaglia, *La negazione,* Tricase (LE), Youcanprint, 2013)

Alfred Tarski (1902 -1983) riteneva che il paradosso *del mentitore* non potesse essere in alcun modo risolto nel linguaggio ordinario poiché esso contiene il *predicato di verità,* cioè nel linguaggio naturale è possibile asserire della verità/falsità di ogni enunciato. La soluzione proposta, valida solo per il linguaggio formalizzato, è quella di collocare il *predicato di verità* in un metalinguaggio, del pari formalizzato, ove gli fosse impedito di generare paradossi. Il metalinguaggio è un linguaggio secondo che parla del primo linguaggio.

Tuttavia anche il metalinguaggio è soggetto al medesimo tipo di paradosso se usa *il predicato di verità* a proposito di propri enunciati. Non resta quindi che ricorrere a un meta-meta linguaggio, un linguaggio terzo, ove isolare i predicati di verità pronunciati a proposito del linguaggio secondo.

E poiché il paradosso può riproporsi anche nel linguaggio terzo, in conclusione la soluzione proposta è una gerarchia potenzialmente infinita di linguaggi, in ciascuno dei quali il paradosso è trasferito in attesa di trovarne uno in cui le questioni di verità/falsità non si pongano e non vi siano problemi semantici.

Questa soluzione poco soddisfacente è curiosamente simile a quella dei grandi problemi della vita che non si risolvono mai ma talvolta tramontano.

Ma è poi vero che il paradosso del *mentitore* è connesso senza rimedio al linguaggio naturale?

Abbiamo visto in precedenza che ogni esperienza del soggetto implica la falsificazione di una credenza e che la credenza prima tenuta per vera viene nel proseguo ritenuta falsa dal soggetto che così abbandona un sistema di credenze e ne adotta uno nuovo

In questo modo si verifica un aggiornamento del soggetto che acquisisce un nuovo sistema di credenze e conserva come memoria quello passato. Il nuovo sistema di credenze è quindi un metasistema rispetto al precedente e il linguaggio conseguente un metalinguaggio rispetto al precedente.

In altre parole il linguaggio naturale genera automaticamente metalinguaggi privi di contraddizioni perché usati da metasoggetti.

Una frase come:

- *questa frase è falsa* - (che se è vera è falsa e se è falsa è vera, quindi è *un mentitore* come Epimenide)

non può essere detta da alcuno perché come enunciato presente discende da una credenza attuale quindi tenuta per vera, ma è falsa quindi è una credenza passata.

Si potrebbe dire che questa frase potrebbe essere pronunciata nel tempo di passaggio da un sistema di credenze al successivo, ma un tale tempo semplicemente non esiste, come non esistono immagini tra due fotogrammi successivi di una pellicola cinematografica.

Pertanto nel linguaggio naturale non si tratta di frase vera o falsa, ma di frase priva di senso, che nessuno può asserire come di fatto avviene.

Notiamo che quanto detto per il *predicato di verità/falsità* ha valore in tutti i casi in cui un enunciato si riferisca ad un enunciato precedente modificandone il significato in qualche modo.

<u>Paradossi insiemistici</u>: in questo caso la questione è più complessa e dovrà essere chiarita in due tempi: nell'immediato seguito e poi trattando di *teoria degli insiemi.*

Il problema nasce poiché vi sono aggregati che non possono essere catturati da una descrizione perché uno o più elementi ne rimangono esterni quindi, a mio parere, non sono *insiemi*: il problema nasce quando si vuole trattare questi aggregati come se fossero insiemi, mentre non lo sono.

In miei precedenti testi ho chiamato tali aggregati "Ur", che sta per "Universi relativi ad una proprietà" (Lario Sinigaglia, *L'insieme vuoto ø: la mente*, Armando Editore, Roma 2012).

Il primo e Il più celebre di questi aggregati fu individuato dalla mente laboriosa di Bertrand Russel, che lo comunicò a Gottlob Frege (1848 – 1925) causandogli un notevole sconforto perché andava a guastare la sua costruzione teorica: la prima vera formalizzazione del linguaggio. In generale gli studiosi allora contemporanei non ne compresero la genialità.

L'insieme di tutti gli insiemi che non contengono se stessi – osservò Russel – non contiene se stesso e pertanto non contiene tutti gli insiemi che non contengono se stessi (contro la propria definizione).

Il lettore non si spazientisca per l'artificiosità della frase che precede: in seguito se ne vedrà l'importanza.

"Un insieme è una collezione, concepita come un tutto, di oggetti ben distinguibili, dalla nostra intuizione o dal nostro pensiero. I detti oggetti sono chiamati *elementi dell'insieme*".

Questa è la definizione di insieme che diede Cantor (1845 - 1918) il geniale matematico che gettò le basi della *teoria degli insiemi* ed ebbe intuizioni di sconcertante profondità: scoprì che gli infiniti non sono tutti uguali (equipotenti); questa idea ebbe ed avrà grande influenza sugli sviluppi successivi del pensiero logico e matematico.

Ritorneremo sull'argomento, ma per ora notiamo che *l'insieme* è un pensiero normalissimo come *le mele nella fruttiera* o *gli alunni della classe.* Per individuare gli elementi dell'insieme si può proporre una regola per individuarli oppure elencarli come: *i numeri dispari maggiori di zero e minori di dieci* oppure 1,3,5,7,9.

Notiamo che gli insiemi che non contengono se stessi sono la normalità (infatti *l'insieme degli alunni della classe* non è un alunno della classe) mentre quelli che contengono se stessi hanno natura patologica e sono vietati da apposito assioma della teoria degli insiemi formalizzata più nota detta "ZF" dai nomi dei matematici Zermelo e Fraenkel.

Quindi la scoperta di Russel, terribile per Frege, fu che la descrizione di un insieme (detta *intensione*) talvolta non riesce a catturare tutti gli elementi dell'insieme descritto (detta *estensione*).

Russel individuò il problema nell'autoriferimento nella definizione di certi insiemi, cioè nel fatto che la definizione costruisce un recinto per catturare gli elementi dell'insieme, da cui la definizione stessa li pone fuori.

Il mitico peccatore Sisifo conosceva bene il problema dato che era condannato a spingere sulla cima di un colle dei massi che rotolavano a valle proprio perché lui li spingeva a monte.

La soluzione al problema proposta da Russel fu la *Teoria dei tipi* che stratifica il linguaggio in livelli in modo tale che ogni enunciato si riferisca ad oggetti del livello inferiore e quindi impossibilitati a retroagire sull'enunciato.

I livelli del linguaggio sono potenzialmente infiniti e lo serrano in una gabbia di grande artificiosità, che vieta un gran numero di enunciati che non causano alcun paradosso.

Ci si chiede: ma davvero il linguaggio naturale è affetto dal problema che la *Teoria dei tipi* pretende di risolvere?

Notiamo intanto che il problema riguarda solo le "totalità" e nemmeno tutte, solo quelle incondizionate come l'insieme di Russel.

Scopriamo quale sia la natura di queste totalità con un esempio facile.

Il nostro *insieme di riferimento* siano tre fratelli: Alfio, Bruno, Carlo, Tria di cognome, di seguito {a, b, c}, dal momento che gli insiemi si designano mettendo gli elementi tra parentesi graffe.

In quanti modi possiamo scomporre l'insieme di riferimento? I seguenti che danno luogo a *sottoinsiemi*:

a) con tre elementi: {a, b, c}: infatti l'insieme di riferimento è anche sottoinsieme di se stesso.
b) Con due elementi: {a, b}, {a, c}, {b, c}. L'ordine non ha importanza e quindi {a,b} è uguale a {b,a}.
c) Con un elemento: {a}, {b}, {c}. Sono insiemi anche se hanno un solo elemento.
d) Con nessun elemento: {ø}, che è detto *insieme vuoto*.

Che significato ha l'insieme vuoto? Semplicissimo: se vado a casa dei tre fratelli e li cerco, dato che sono fuori, la vecchia zia risponde: "non c'è nessuno". Quindi l'insieme vuoto segnala la mancanza di ogni elemento dell'insieme di riferimento ed è una abbreviazione di {øa, øb, øc}. Se chiamiamo l'insieme di riferimento "T", iniziale di Tria (si usa la lettera maiuscola per il nome dell'insieme, minuscola per il nome degli elementi), allora l'insieme vuoto può chiamarsi "øT". Notiamo che non è vero che non c'è nessuno in casa perché c'è la zia e anche i genitori dei tre fratelli, ma non c'è nessuno di quelli che cerco e quindi nessun elemento dell'insieme di riferimento. Da questo punto di vista l'insieme vuoto non è assolutamente vuoto perché contiene tre precise mancanze, quelle delle persone che cerco.

Dunque quanti sottoinsiemi ha il nostro insieme di riferimento? Sono 1 da tre elementi, tre da due, tre da uno e uno senza elementi, quindi otto in totale.

Notiamo che *l'insieme di tutti i sottoinsiemi dell'insieme di riferimento* non può essere un insieme, quindi lo definiremo "aggregato", perché affetto da una contraddizione: "T" e "øT" non possono coesistere nello stesso insieme analogamente al fatto che i fratelli Tria non possono essere assenti e simultaneamente presenti in casa.

Questo aggregato è proprio "UrT", cioè l'Universo relativo alla proprietà *essere fratelli Tria* di cui godono i fratelli in questione, che li rende elementi dell'insieme di riferimento.

L'aggregato UrT ha otto elementi e la formula per calcolare il numero di elementi di un Ur qualsiasi è 2^n, dove l'esponente "n" rappresenta il numero di elementi dell'insieme di riferimento, che nel nostro caso sono tre, cioè {a,b,c}, quindi il numero di elementi di UrT è due elevato alla terza potenza, cioè otto, come già abbiamo constatato.

Il *Teorema Diagonale* di Cantor dimostra che il numero degli elementi di un Ur è sempre superiore al numero degli elementi dell'insieme di riferimento; conclusione banale se il numero degli elementi dell'insieme di riferimento è finito ma fondamentale se è infinito.

In questo caso si dirà che l'insieme di riferimento ha la potenza (numerosità) dell'*infinito numerabile*, perché è possibile contarne gli elementi con i numeri naturali, quelli della nostra aritmetica elementare, mentre il numero degli elementi dell'Ur ha la potenza dell'*infinito non numerabile*, cioè intuitivamente molti di più tanto che i numeri naturali non bastano per contarli.

Torniamo al nostro linguaggio naturale e vediamo in quale modo sottile può fare a meno della camicia di forza che è la *Teoria dei tipi* di Russel senza generare paradossi.

Avviene, cioè è una regola che ognuno segue senza conoscerla, che quando del soggetto di una frase viene predicata una proprietà, il soggetto è un individuo oppure un insieme mentre il predicato è un Ur: infatti ogni proprietà indica l'universo relativo di cui porta il nome.

Ho detto "indica" e non "cattura" perché l'aggregato Ur non può essere catturato da una definizione perché non ha una *estensione* dato che è contraddittorio. In altre parole una proprietà esiste solo come predicato di individui o di insiemi, ma in se stessa non è individuabile.

Gli Ur sono appunto quelle totalità incondizionate che non possono essere poste come soggetto di una frase mentre è del tutto lecito porre come soggetto di una frase una totalità condizionata, come "tutti gli alunni di una classe determinata" o "tutti i cittadini di Milano", che sono normali insiemi.

A questo punto occorre porsi due domande:

a) In che modo il linguaggio naturale automaticamente evita che il soggetto di un enunciato sia una totalità incondizionata? (dal momento che questa non è una regola grammaticale ma è una legge del linguaggio naturale, cioè della razionalità naturale, di cui non siamo nemmeno consapevoli).

b) In che cosa si distingue un Ur da un insieme? (sinora abbiamo detto solo che una totalità incondizionata -un Ur- non può essere catturata da una descrizione)

Quanto al punto a): la criticità si presenta quando il soggetto di un enunciato è omonimo (stesso nome) di una proprietà: in questo caso il soggetto è un *concetto* (la cui estensione è un insieme) e non una *proprietà*. Si tratta ora di distinguere tra concetto e proprietà: la proprietà può essere negata mentre il concetto non può essere negato ed è condizionato dal suo stesso predicato oppure <u>dal contesto in cui viene pronunciato l'enunciato.</u>

Non dobbiamo mai dimenticare che gli enunciati del linguaggio naturale non sono separabili da colui che li pronuncia e dal suo sistema di credenze né dalle circostanze in cui vengono pronunciati (essi sono il contesto) ed è esattamente il fatto che il linguaggio formalizzato sia privato del contesto che determina i paradossi.

Questa però non è una critica al linguaggio formalizzato, che è irrinunciabile per gli usi cui è destinato, tra l'altro per programmare una macchina, ma solo la constatazione che i paradossi sono il rovescio di una medaglia e non sono risolubili, come ampiamente dimostrano i tentativi di soluzione già esaminati che sono solo artificiosi palliativi.

Facciamo ora qualche esempio di enunciato critico in cui figuri come soggetto il nome di una proprietà.

a) "l'uomo è sempre uomo": la frase non è una banale tautologia che afferma l'identità tra soggetto e predicato ma la circostanza in cui viene pronunciata consente di comprendere di quale tipo d'uomo si sta parlando; <u>grande o miserabile</u> nella particolare circostanza mentre nel predicato è sempre <u>grande e miserabile.</u>

b) "Talvolta l'uomo non è uomo": la frase non significa che il soggetto sia un animale ma che è un uomo con alcune caratteristiche bestiali: il contesto chiarirà.

c) "Com'è umano lei!" dice Fantozzi quando viene umiliato e intende dire inumano o non umano; tuttavia inumano può essere detto sensatamente solo di un uomo.

d) "Questo rosso è brillante": la frase non tratta del colore rosso in generale, ma di una particolare applicazione di colore risultante dal contesto. Infatti il *rosso-proprietà* può ben essere opaco e, in generale, le proprietà non hanno proprietà perché non possono essere il soggetto di un predicato.

Una precisazione: ho scritto che il concetto, come soggetto, non può essere negato (a differenza della proprietà predicata che lo può). Talvolta il linguaggio si torce per conseguire un significato particolare e parla di "non morti" (che non sono i vivi ma i vampiri): quindi non si è negato un concetto (i morti) ma se ne è creato uno nuovo, i vampiri, appunto.

Inoltre talvolta la proprietà cattura il soggetto <u>anche se viene negata</u>: il fatto è sorprendente, ne riparleremo (vedi esempi b e c).

Lettore, la distinzione tra concetti (la cui estensione è un insieme) e proprietà (il cui significato è un Ur) è fondamentale per la comprensione del linguaggio naturale, quindi ti invito a produrre esempi a tua volta e se ne trovi uno che contrasta con quanto detto ti prego di comunicarmelo, come Russel velenosamente fece con Frege (se posso osare il paragone).

Naturalmente è impossibile impedire a particolari utenti del linguaggio, come Russel e altri studiosi che si sono accaniti nel trovare le pecche del linguaggio, di porre come soggetto dell'enunciato una *totalità incondizionata*: il linguaggio naturale non può difendersi e allora reagisce producendo un paradosso. Quest'ultimo non è una mancanza del linguaggio ma un pregio: avverte che è stato fatto un uso scorretto del linguaggio.

Un'ultima precisazione: se il soggetto di un enunciato è un precedente enunciato, di cui viene modificato il significato, si ricade nel campo dei *paradossi semantici* esaminati in precedenza.

8)   LA TEORIA DEGLI INSIEMI

Mi scuso con il lettore dato che in questo capitolo darò per note alcune basilari conoscenze della teoria degli insiemi dato che voglio accennare alla differenza tra la ben nota teoria degli insiemi "ZF" e quella diversa utilizzata nel capitolo precedente denominata da me "Inat" (insiemistica naturale) perché, a mio parere, è quella che utilizza il linguaggio naturale.

Si tratta quindi ancora una volta di divergenza tra la razionalità naturale e quella successivamente evoluta.

L'argomento è approfondito nel mio libro già citato *L'insieme vuoto ø: la mente,* che potrà consultare il lettore desideroso di comprendere meglio questo capitolo.

In "ZF" l'insieme vuoto "ø" svolge un ruolo basilare perché è il vertice su cui poggia l'intera teoria, infatti il primo insieme non vuoto contiene nient'altro che l'insieme vuoto: {ø}.

Quindi l'insieme vuoto esiste assolutamente in virtù di apposito assioma e non contiene né può contenere alcun elemento.

Invece in Inat l'insieme vuoto non è assolutamente vuoto ma solo privo di tutti gli elementi contenuti nell'insieme di riferimento, contiene quindi delle ben precise mancanze: quelle degli elementi dell'insieme di riferimento e perciò non è *assolutamente vuoto* ma *relativamente vuoto.*

In questo consiste la sua derivazione dal linguaggio naturale, nel quale non si parla di vuoto assoluto ma sempre di assenze relative.

"il barattolo è vuoto (di ciò che dovrebbe contenere: biscotti o cioccolatini)"; "Nel bar non c'è nessuno" (di quelli che cerchiamo)"; "oggi non è successo niente (di importante, di ciò che desideriamo o temiamo, di ciò che aspettiamo, di diverso dal solito)".

In "ZF" l'insieme vuoto è unico mentre in Inat gli insiemi vuoti sono tanti quanti gli insiemi di riferimento e perciò infiniti.

Fondamentalmente in "ZF" gli insiemi con elementi sono derivati dall'insieme vuoto mentre in Inat avviene l'inverso poiché il vuoto è dedotto dal pieno in base ad un fondamentale assioma del linguaggio: ciò che c'è può non esserci.

Per quel che ci riguarda la differenza rilevante si riscontra nell'*insieme potenza* di ZF, la cui esistenza è garantita da apposito assioma, che è proprio *l'insieme di tutti i sottoinsiemi dell'insieme di riferimento* e che contiene l'insieme vuoto dato che in ZF l'insieme vuoto è sottoinsieme di ogni insieme.

L'insieme potenza di ZF contiene gli stessi elementi dell'aggregato Ur come descritto e costruito nel capitolo 8) al paragrafo "paradossi insiemistici", ma Ur invece non è un insieme perché affetto dalla contraddizione colà descritta e cioè la presenza e l'assenza dello stesso insieme: T (insieme di riferimento) e øT (insieme vuoto).

Gli Ur sono precisamente le totalità incondizionate che nel linguaggio possono figurare solo come predicato, mentre i soggetti degli enunciati possono essere individui o insiemi che, inevitabilmente, appartengono alla proprietà, che di essi è predicata, senza possibilità di generare paradossi.

E sorprendentemente vi appartengono anche se la proprietà viene negata, in certi casi.

"Un grido che non è umano" non indica certo una provenienza animale ma piuttosto una manifestazione umana inaudita e inaspettata, umana e non umana assieme.

"Un velivolo che non è umano" è invece pilotato da alieni che, com'è noto, al massimo sono umanoidi.

Come si distinguono le negazioni interne da quelle esterne al predicato? Qualche volta si comprende dal contesto, altre volte colui che pronuncia la frase opera una scelta arbitraria che si comprende dal seguito.

La questione non è semplice e devo ancora rimandare per approfondimenti al mio libro già citato *La negazione* ove faccio la distinzione tra *negazioni endoconcettuali e negazioni esoconcettuali.*

9)   L'ARITMETICA

La teoria degli insiemi in pratica è usata solo da particolari matematici, quelli che si occupano di fondazione della matematica, e la cosa è due volte curiosa:

a)   perché è strano che una teoria di straordinaria generalità serva "solo" di fondamento alla matematica;

b)   perché si ritiene che la matematica debba avere un fondamento esterno a se stessa.

Quanto al primo punto la teoria degli insiemi è sicuramente alla base della razionalità naturale: osservo solo di passaggio che l'algebra di insiemi e l'algebra di proposizioni sono isomorfe (parola greca che significa "stessa forma"): sono entrambe algebre di Boole che, forse inconsapevolmente, utilizziamo per le ricerche su banche dati.

Quanto al secondo punto i numeri naturali della nostra aritmetica elementare hanno origine nell'*assioma di infinità* della teoria degli insiemi ZF che genera gli insiemi ordinati, che poi chiameremo numeri, con questa *regola del successore*:

$$S_x = X \cup \{X\} = \{X, \{X\}\};$$

"S_x" significa "successore" dell'insieme X, "$\cup$" è l'operatore insiemistico "unione", che da due insiemi ne ottiene uno solo con gli elementi di entrambi uniti, "X" è un insieme generico.

La formula tradotta in "metalinguaggio insiemistico", cioè in italiano, significa che "il successore di un insieme qualsiasi si ottiene unendo l'insieme stesso con l'insieme il cui elemento è l'insieme stesso.

E'chiaro? No! Infatti proprio per questo si usano le formule, che con minimo studio ogni lettore potrebbe comprendere, se volesse.

Questa procedura serve a creare degli insiemi ordinati che poi saranno denominati numeri e saranno il fondamento dell'aritmetica.

Ma perché una procedura così complessa? Occorre rendersi conto che i numeri, che noi usiamo per creare ordine, sono essi stessi un ordine perché ogni numero naturale ha un ben preciso posto nella successione numerica dato che tra gli elementi intercorre la relazione "maggiore dell'antecedente" e "minore del successore (<).

Però dato che nella teoria degli insiemi:

X U X = X

e che X è l'estensione di una intensione, cioè il significato di una proprietà e non la misura di una quantità, per creare n elementi diversi occorre che siano distinguibili gli uni dagli altri, mentre X e X non lo sono.

Quindi la complessa costruzione di cui sopra (ricordiamolo: si tratta dell'*assioma di infinità*) ha lo scopo di creare n elementi distinguibili ma che siano anche oggettivamente ordinabili, dato che poi si chiameranno numeri.

Credete che gli uomini abbiano acquisito i numeri in questo modo? Io no.

Intanto osservo che siccome in generale:

ø U X = X ; ed in particolare ø U {ø} = {ø}

(non perché siano uguali ma perché l'insieme vuoto non ha alcun elemento proprio da aggiungere a quelli di X o di qualsiasi insieme non vuoto) ne consegue che, applicando la *regola del successore*, ø rimane escluso dall'insieme infinito che *l'assioma di infinità* consente di costruire e quindi non è possibile dargli il nome *zero* che sembra spettargli. Bisogna quindi inserire ø con una poco soddisfacente deroga alla *regola del successore.*

Inoltre ritengo che la serie numerica nasca da una innata e antichissima capacità degli animali superiori di ordinare gli insiemi secondo quantità. Dopotutto uno scoiattolo incapace di comprendere la differenza tra due e quattro noci avrebbe dei seri problemi di sopravvivenza.

Quindi ciò che ci conduce alla serie numerica è una astrazione piuttosto che una costruzione.

Esaminiamo *l'aggregato di tutti i sottoinsiemi* dell'insieme di riferimento esaminato al capitolo 8) e ricordiamo la definizione di insieme: *un insieme è una collezione, concepita come un tutto, di oggetti ben distinguibili, dalla nostra intuizione o dal nostro pensiero.*

Immaginiamo ora un insieme costituito da tre bottiglie di spumante millesimato della stessa marca e annata distinte solo dai numeri di serie che siano 1,2,3, pertanto il nostro insieme sia {1,2,3}. Costruiamo ora tutti i sottoinsiemi con le modalità viste al capitolo 8) ed otterremo otto sottoinsiemi: uno contenente tre bottiglie, tre contenenti due bottiglie, tre contenenti una bottiglia, uno contenente zero bottiglie.

Gli otto sottoinsiemi sono tutti diversi uno dall'altro, ma se astraiamo dai numeri di serie delle bottiglie, cioè conveniamo che quella differenza è irrilevante tenuto conto che le bottiglie sono di qualità equivalente, allora gli insiemi si distinguono solo per la quantità dei loro elementi e divengono ordinabili per quantità. Si tratta ora di dare un nome a ciascuna posizione dell'ordine ed avremo ottenuto i numeri naturali ordinali.

Notiamo che la teoria degli insiemi ZF non consente una astrazione di questo tipo e pertanto, essendo ora gli elementi degli insiemi indistinguibili, ci consegnerebbe solo due insiemi: ø e {1}.

Ma il linguaggio compie continuamente astrazioni di questo tipo e la quasi totalità dei lemmi di un vocabolario ne è un esempio: si può parlare di "ninfee" solo astraendo dalle differenze individuali.

Che cosa ne concludiamo?

La teoria degli insiemi ZF è straordinariamente elegante e concisa soprattutto grazie alla scelta di postulare l'insieme vuoto come assolutamente vuoto, unico, sottoinsieme di ogni insieme e consente di costruire la serie dei numeri naturali in modo davvero ingegnoso.

Tuttavia il linguaggio naturale appare basato su una diversa teoria degli insiemi, in cui l'insieme vuoto è solo relativamente vuoto e compare solo negli Ur, che non sono insiemi e che sono il significato (per così dire) di ogni predicato che contiene una qualità.

Quanto alla serie numerica, per quanto ingegnosamente ed elegantemente derivata dalla teoria ZF, appare avere un fondamento psicologico diverso ed enormemente diffuso nel mondo animale perché conferisce evidenti vantaggi nella lotta per la sopravvivenza. In questo senso trova piena giustificazione in se stessa.

10)   CONCLUSIONE

Se vi ho convinto che il linguaggio di ciascuno è noi stessi, conviene averne cura ed accrescerlo come la coltivazione più preziosa. Inoltre è la voce di chi ci ha preceduto, più antica di quanto gli archeologi potranno mai dissotterrare.

Lario Sinigaglia

Youcanprint
Finito di stampare nel mese di aprile 2019

9 788883 161731 4